Comer sano

Mi pirámide alimentaria

Rebecca Rissman

Heinemann Library
Chicago, Illinois

www.heinemannraintree.com
Visit our website to find out more information about Heinemann-Raintree books.

To order:
☎ Phone 888-454-2279

💻 Visit www.heinemannraintree.com to browse our catalog and order online.

©2011 Heinemann Library
an imprint of Capstone Global Library, LLC
Chicago, Illinois

Edited by Rebecca Rissman and Catherine Veitch
Designed by Joanna Hinton-Malivoire
Picture research by Elizabeth Alexander
Production by Victoria Fitzgerald
Originated by Capstone Global Library Ltd
Printed and bound in China by South China Printing Company Ltd
Translation into Spanish by DoubleOPublishing Services

14 13 12 11 10
10 9 8 7 6 5 4 3 2 1

Library of Congress Cataloging-in-Publication Data

Rissman, Rebecca.
  [My food pyramid. Spanish]
  Mi pirámide alimentaria / Rebecca Rissman.
    p. cm.—(Comer sano)
  Includes bibliographical references and index.
  ISBN 978-1-4329-5132-0 (hc)—ISBN 978-1-4329-5139-9 (pb)
1. Nutrition—Juvenile literature. 2. Food—Juvenile literature. I. Title.
QP141.R529518 2011
  612.3—dc22   2010032021

Acknowledgments
We would like to thank the following for permission to reproduce photographs: © Capstone Publishers pp. **5, 6, 8, 10, 11, 12, 13, 14, 15, 17, 18, 19, 23 bottom** (Karon Dubke); Getty Images p. **7** (MIXA); Shutterstock pp. **9** (© Kzenon), **21** (© Jane September), **23 top** (© Jane September), **23 middle** (© Kzenon); USDA Center for Nutrition Policy and Promotion pp. **4, 16, 20, 22**.

Back cover photograph of a boy looking at a food pyramid reproduced with permission of © Capstone Publishers (Karon Dubke).

We would like to thank Nancy Harris and Dr. Matt Siegel for their invaluable help in the preparation of this book.

Every effort has been made to contact copyright holders of material reproduced in this book. Any omissions will be rectified in subsequent printings if notice is given to the publishers.

Contenido

Mi pirámide alimentaria

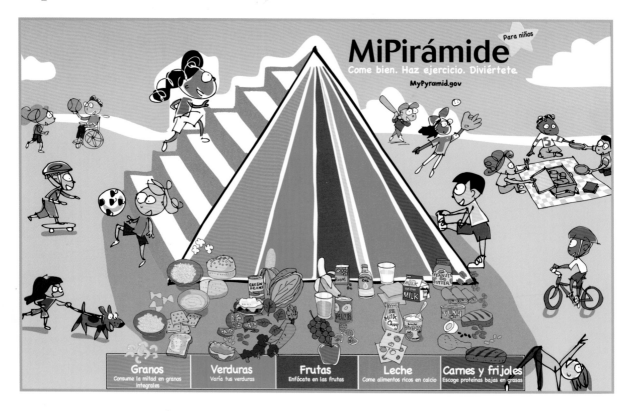

La pirámide alimentaria nos enseña cómo mantenernos sanos.

La pirámide alimentaria nos enseña
qué comer para mantenernos sanos.

Los grupos de alimentos

Hay cinco grupos de alimentos.

Debemos comer alimentos de cada uno de los grupos de alimentos.

Los alimentos de cada grupo nos dan nutrientes.

Los nutrientes son partes del alimento
que nos ayudan a mantenernos sanos.

Los granos son un grupo de alimentos en el que están el pan, la pasta y el arroz.

Las frutas son un grupo de alimentos en el que están las manzanas, los plátanos y las naranjas.

Las verduras son un grupo de alimentos en el que están el brócoli, los pimientos y las zanahorias.

Los productos lácteos son un grupo de alimentos en el que están la leche, el queso y el yogur.

La carne y los frijoles son un grupo de alimentos en el que están el pollo, la carne, el cerdo, el pescado y los frijoles.

El azúcar y los aceites no son grupos de alimentos. Cómelos poco en tus alimentos diarios.

Usar la pirámide alimentaria

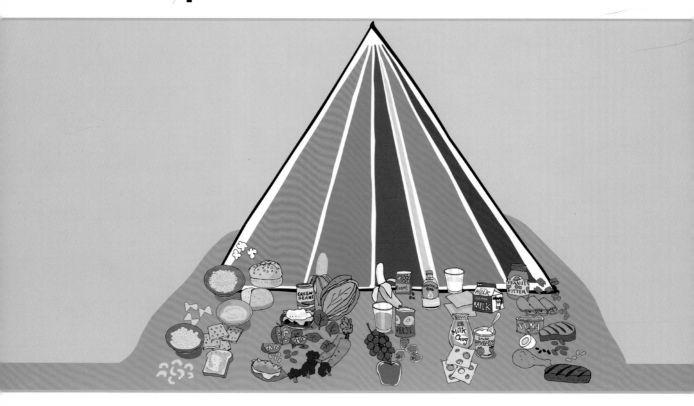

La pirámide alimentaria indica cuánto comer por día de cada grupo de alimentos.

Debemos comer muchas verduras,
frutas, granos y productos lácteos.

Debemos comer algo de carne
saludable y frijoles.

Debemos comer pocos aceites
y azúcares.

Hacer ejercicio

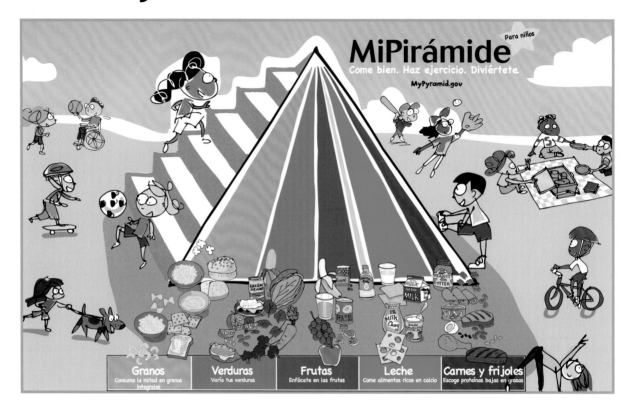

La pirámide alimentaria también muestra algunas personas haciendo ejercicio.

Esto es para recordarnos que debemos hacer ejercicio. Debemos estar activos todos los días.

Prueba

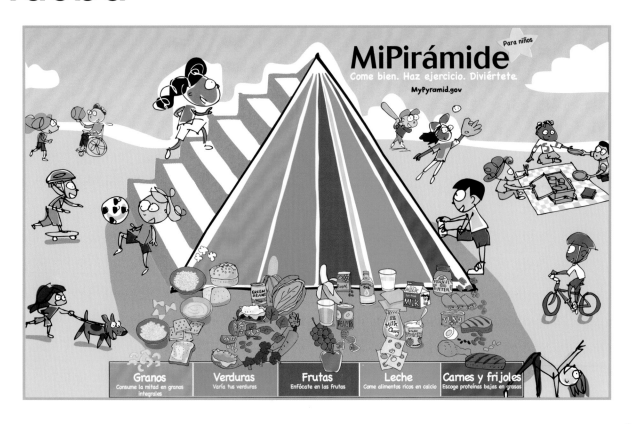

¿Puedes nombrar los grupos de alimentos de la pirámide alimentaria?

Respuesta en la página 24.

Glosario ilustrado

hacer ejercicio estar ocupado haciendo muchas cosas

sano en buen estado físico y saludable

nutrientes partes del alimento que te ayudan a mantenerte sano

Índice

Respuesta de la prueba de la página 22: Los grupos de alimentos de izquierda a derecha son los granos, las verduras, las frutas, la leche y la carne y frijoles.

Nota a padres y maestros

Antes de leer

Explique a los niños que comer alimentos saludables ayuda a las personas a mantenerse sanas. Explíqueles que existen diferentes grupos de alimentos que contienen diferentes tipos de alimentos saludables. Escriba los cinco grupos de alimentos en el pizarrón: carne y frijoles, frutas, verduras, productos lácteos y granos.

Después de leer

• Divida a los niños en cinco grupos y asigne a cada uno un grupo de alimentos. Pida a cada grupo de niños que hagan una lista de diferentes alimentos de ese grupo. Luego, pídales que comenten con la clase todos los alimentos que enumeraron.

• Explique a los niños que los aceites y los azúcares son tipos de alimentos que deben comerse en poca cantidad. Muestre a los niños fotos de diferentes alimentos y pídales que identifiquen los alimentos que tienen una mayor cantidad de azúcares y aceites.